BEI GRIN MACHT SICH IHR WISSEN BEZAHLT

AF148385

- Wir veröffentlichen Ihre Hausarbeit,
  Bachelor- und Masterarbeit

- Ihr eigenes eBook und Buch -
  weltweit in allen wichtigen Shops

- Verdienen Sie an jedem Verkauf

Jetzt bei www.GRIN.com hochladen und kostenlos publizieren

Moritz Herrmann

PR und Journalismus

Zur Ko-Evolution zweier Spannungsfelder

GRIN Verlag

Bibliografische Information der Deutschen Nationalbibliothek:

Die Deutsche Bibliothek verzeichnet diese Publikation in der Deutschen National-
bibliografie; detaillierte bibliografische Daten sind im Internet über http://dnb.d-
nb.de/ abrufbar.

Dieses Werk sowie alle darin enthaltenen einzelnen Beiträge und Abbildungen
sind urheberrechtlich geschützt. Jede Verwertung, die nicht ausdrücklich vom
Urheberrechtsschutz zugelassen ist, bedarf der vorherigen Zustimmung des Verla-
ges. Das gilt insbesondere für Vervielfältigungen, Bearbeitungen, Übersetzungen,
Mikroverfilmungen, Auswertungen durch Datenbanken und für die Einspeicherung
und Verarbeitung in elektronische Systeme. Alle Rechte, auch die des auszugsweisen
Nachdrucks, der fotomechanischen Wiedergabe (einschließlich Mikrokopie) sowie
der Auswertung durch Datenbanken oder ähnliche Einrichtungen, vorbehalten.

Impressum:

Copyright © 2009 GRIN Verlag GmbH
Druck und Bindung: Books on Demand GmbH, Norderstedt Germany
ISBN: 978-3-656-00120-1

Dieses Buch bei GRIN:

http://www.grin.com/de/e-book/178228/pr-und-journalismus

GRIN - Your knowledge has value

Der GRIN Verlag publiziert seit 1998 wissenschaftliche Arbeiten von Studenten, Hochschullehrern und anderen Akademikern als eBook und gedrucktes Buch. Die Verlagswebsite www.grin.com ist die ideale Plattform zur Veröffentlichung von Hausarbeiten, Abschlussarbeiten, wissenschaftlichen Aufsätzen, Dissertationen und Fachbüchern.

Besuchen Sie uns im Internet:

http://www.grin.com/

http://www.facebook.com/grincom

http://www.twitter.com/grin_com

Essay

im Rahmen der Lehrveranstaltung/des Moduls:

FJ.1.1.1-3
Einführung in die Journalistik/Journalismusforschung

Wintersemester 2008/09
Abgabedatum: 28.02.2009

vorgelegt von:

Moritz Herrmann

Hochschule Bremen
Fakultät Gesellschaftswissenschaften
IS Fachjournalistik B.A.
1. Semester

Wissenschaftlicher Aufsatz Nr. 41:

Schönhagen, Philomen:
Ko-Evolution von Public Relations und Journalismus:
Ein erster Beitrag zu ihrer systematischen Aufarbeitung
In: Publizistik, 53. Jahrgang, Heft 1,
März 2008, S. 9-24

Es sind turbulente Gewässer, die der Vatikan dieser Tage zu durchschiffen hat. Feinde, wohin das Fernrohr späht. Die Kritiker erwachsen nicht nur dem weiten Meer der nichtkatholischen Öffentlichkeit, nein, sie gehören zur eigenen Mannschaft, die Besatzung meutert. Bischöfe entsagen der römischen Zentrale ihr Vertrauen, Gläubige allerorts meinen sich ihrer Konfession plötzlich schämen zu müssen. Schuld ist der Kapitän. Lange Jahre war er ihnen ein guter Steuermann, eigen zwar, dickköpfig, aber auch kompetent und überzeugend. Alle waren Papst. Das ist vorbei. Benedikt XVI. hat den Kahn in den Augen vieler auf Grund gefahren und sich als geistliche Autorität diskreditiert. Derzeit will niemand Papst sein. Eine Hysterie, die einer tragischen Komik nicht entbehrt, immerhin hat das kirchliche Oberhaupt de facto nichts falsch gemacht. Das zeigt ein lesenswerter SPIEGEL-Essay[1] von Martin Mosebach. Dabei gelingt dem Schriftsteller auf zwei Seiten, was der Vatikan in zwei Wochen nicht zustande brachte: Die brisante Situation zu entschärfen. Die Aufhebung der Exkommunikation der vier Bischöfe um Pius-Bruder Richard Williamson bedeutet zwar eine gewisse Rehabilitation des Holocaust-Leugners und ist als solche strittig, aber unter anderen Gesichtspunkten durchaus nachzuvollziehen: Benedetto will verhindern, dass die Bischöfe ihr radikales Gedankengut weitertragen. Die Reintegration in das römische System verbietet das, weil die Bischöfe nach wie vor suspendiert bleiben, also nicht predigen dürfen, aber nunmehr kontrolliert werden können. Den Feind schwächen, indem man ihn zum Teil des eigenen Apparates macht, sich den Feind zum Freund machen – eine uralte Taktik, der sich schon biblische Könige bedienten. Dass also überhaupt erst empörte Stimmen laut werden konnten, die dem deutschen Papst mit Hitler-Jugend-Vergangenheit rechte Gesinnung unterstellen, oder aber Bundeskanzlerin Merkel sich mit scharfer Rüge an der vatikanischen Personalpolitik als Wahlkämpferin zu profilieren versucht, ist nicht dem *was* geschuldet, sondern dem *wie*. In der Sache die Aufregung gar nicht wert, hat erst die lückenhafte Kommunikation des Themas eine weltweite Beschwerdenlawine losgetreten. Ergo ist die Schuld weniger beim Pontifex als vielmehr bei der Pressestelle des Vatikans zu suchen. Einmal mehr hat diese bewiesen, dass sie nicht auf der Höhe der informationstechnischen Rasanz des 21. Jahrhunderts zu sein scheint. Behäbig, bürokratisch, bloßgestellt – Noch bevor man die Aufhebung der Exkommunikation mit einer offiziellen Meldung kommentieren und erklären konnte, sah sich der Papst auf den Titelblättern dieser Welt als Hetzer diffamiert. Deshalb muss die Frage erlaubt sein: Hat die Kirche in 144 Jahren nichts dazugelernt, sich gar zurückentwickelt? 1865 war es nämlich, als die deutsche PR der Kirche in Trier ihren

---

[1] Mosebach, Martin 2009: Essay: Der Leib der Kirche – Warum der Papst tun musste, was er tat, in: Der Spiegel, 62. Jahrgang, Heft 7/2009, 09.02.09, S. 134-135

Ursprung nahm, wie Philomen Schönhagen in ihrem wissenschaftlichen Aufsatz „Ko-Evolution von Public Relations und Journalismus" aufzeigt. Unzufrieden mit den oftmals „entstellenden" Artikeln der Landespresse über Generalversammlungen der katholischen Vereine Deutschlands, installierten die führenden Köpfe ein „Correspondenzbureau", das die Redaktionen „besser bedienen" sollte. Lithographierte Berichte wurden erstellt und dann den Tageszeitungen zugeschickt. Die gewünschte Wirkung stellte sich tatsächlich ein, eine gemäßigtere Berichterstattung war die Folge.

Das Beispiel der Kirche ist nur eines von vielen, die Schönhagen für den deutschen Sprachraum bringt, um ihre Kernthese zu untermauern: Public Relations sind als Reaktion auf Fehlentwicklungen und Versäumnisse der autonomen Massenmedien entstanden. Fürwahr ein interessanter Ansatz, der sich endlich auch mal der vakanten Probleme annimmt, was zuerst da war und ob PR überhaupt eine Existenzberechtigung hat. Bei Schönhagen besteht kein Zweifel daran, dass letzterem so ist: Public Relations sind Ergänzung, Mittler, Zulieferer, Empfänger und Korrektiv der etablierten Presse und als solche unabdingbar. Viele integre Schreiberlinge alter Schule würden hier sicherlich vehement protestieren; PR ist Werbung, gingen sie naserümpfend auf die Barrikaden. Netzwerk Recherche hat sich die Ächtung ganz groß auf die Fahnen geschrieben: In der hauseigenen Präambel – für viele (festangestellte) Journalisten immerhin die Bibel ihres Schaffens – heißt es an fünfter Stelle: Journalisten machen keine PR. Ob so eine Forderung zu idealistisch, nicht umsetzbar oder aber unabdingbar wichtig ist, sei erstmal dahingestellt, denn ein Aufsatz zum Thema Öffentlichkeitsarbeit kann der leidigen Debatte zwar nicht gänzlich ausweichen, in erster Linie geht es Schönhagen aber um die Anfänge von PR.

Der Reihe nach: Zu Beginn stellt Schönhagen wissenschaftliche „Ansätze zum Verhältnis von Journalismus und PR" vor und nennt, was diese Theorien vermissen lassen und wie daraus die Zielführung ihrer Arbeit erwächst, die Frage nach dem Ursprung von PR. Den verfolgt sie im nächsten Abschnitt und fasst danach ausführlich „erste Ergebnisse zur Ko-Evolution von Journalismus und PR auf Basis der PR-Geschichtsforschung" zusammen. In der Schlussdiskussion greift sie die wichtigsten Argumente auf, wägt Positionen gegeneinander ab und empfiehlt der Wissenschaft, ihrem Beispiel der historischen Analyse zu folgen, um endlich einmal neue Erkenntnisse zu gewinnen.

Besonders interessant ist der Part um Wesen und Verständnis von Public Relations geraten. Den Irrglaube, PR sei eine gewiefte „Ausdifferenzierung aus dem System Werbung", dekonstruiert die Professorin für Medien mit historischen Belegen. Nicht nur die Kirche habe auf einseitige Berichterstattung seitens der großen Blätter mit Pressemitteilungen (Mitteilungen an die Presse) reagiert, auch Kommunen und Stadtverwaltungen hätten sich und ihre Politik falsch dargestellt gesehen. Mitte des 19. Jahrhunderts wären folglich Nachrichtenämter installiert worden, um einerseits der aus Sicht der Betroffenen fehlenden oder verfälschten Berichterstattung Abhilfe zu schaffen und andererseits auf die schizophrene Tatsache zu antworten, dass die Gesamtöffentlichkeit eben doch nur noch über die Massenmedien erreichbar war. Kritiker, die sich durch diese Motive bestätigt glauben, verkennen, dass PR, die nur darstellt, keine Werbung ist, genau wie Berichterstattung, die Informationen vorenthält oder verzerrt, kein Journalismus ist!

Schönhagen definiert damalige Pressearbeit als eine Art frühe Gegenöffentlichkeit, die sich zwangsläufig bilden musste, weil „massenmedial vermittelte Kommunikation" durch „Autonomie" und „Zugangsbarrieren" geschützt war. Anstatt den neuen Zweig zu verdammen, hätte sich der Journalismus hinterfragen und eigener Verfehlungen bewusst werden sollen. So aber krankt das Verhältnis von PR und Journalismus bis heute an beiderseitigem Misstrauen und Neid. Beide wollen nicht miteinander und können nicht ohne. Wider den Argwohn ordern heutzutage etliche Journalisten PR-Angebote, um sich der Informationen zu bedienen und Seiten zu füllen. Der Publizist und Kolumnist Klaus Kocks unterstreicht deshalb: „Das Rollenbild der verführten Unschuld ist mittlerweile eine verlogene Groteske."[2] Die Aktualität der historischen Beispiele Schönhagens drängt sich immer wieder auf und spricht für deren Relevanz: Wenn Einzelinteressen in den Zeitungen keine, wenig oder falsche Präsenz erfahren, ist es nur logisch und konsequent, dass sie sich andere Plattformen der Darstellung schaffen, um Korrekturen an dem konstruierten Bild anzubringen. Die Kirche fungiert da momentan als Negativbeispiel, bei der Deutschen Bahn halten sich Licht und Schatten die Waage. Als der Frankfurter Dienstleister wegen eines entgleisten ICE an den Pranger gestellt wurde, fürchtete sich der deutsche Zugfahrer vor einer Armada maroder Lokomotiven, ehe eine Kampagne erstens richtig stellte, dass es sich um einen Haarriss in der Achse handelt und nicht etwa um generelle Rückständigkeit aller Wagen und zweitens trotzdem eine kostenintensive, gründliche Untersuchung des gesamten Fuhrparks ankündigte. Diese Krise abgewendet, stand schon der nächste Skandal ins Haus, eigentlich im Haus, da das Gerücht von Mitarbeiterbespitzelung umging. Hier riss Mehdorn ein, was vorher aufgebaut wurde. Erst nach und nach machte man etliche Fälle detektivischer Observation publik und das auch nur auf öffentlichen Druck. Ferner mutet die Behauptung

---

[2] Kocks, Klaus 2003: Das neue Lobbyinstrument – PR im Journalismus, in: Leif, Thomas/Speth, Rudolf (Hg.): Die stille Macht. Lobbyismus in Deutschland. Wiesbaden, S. 351

Mehdorns, von den Vorgängen partout nichts gewusst haben zu wollen, mittlerweile mehr als zweifelhaft an, da ihm die zuständigen Instanzen direkt unterstellt sind. Unabhängig von richtig oder falsch der Bahn'schen PR wird deutlich, dass hier mehr als Werbung stattfindet, Wichtigeres als Werbung. PR als Schadensbegrenzung, ja, aber eben auch PR als Korrektiv, als Auffächerung der Darstellung und damit dem entsprechend, was Schönhagen konzipiert: Public Relations als legitimes Mittel freier Berichterstattung, um einzelne Interessen im öffentlichen Diskurs optimal geltend zu machen und zu legitimieren. Auch andere Quellen sind der Meinung, PR diene zuallererst der konstruktiven Rechtfertigung und nicht der Eigenwerbung. „Sie (Akteure des politischen Systems) sind permanent legitimationsbedürftig und produzieren daher regelmäßig Kommunikationsangebote, um politische Ideen in politische Entscheidungen zu überführen und diese Entscheidungen zu rechtfertigen", konstatiert beispielsweise die PR-Professorin Ulrike Röttger[3]. Legitimationsdruck klingt also auch bei Schönhagen immer wieder an. Regierungen, die ihre Politik den Wählern verständlich machen wollen, Unternehmer, die sich für Entlassungen rechtfertigen, Kliniken, die mehr finanzielle Unterstützung einfordern, oder aber die Reichs-Post, die 1920 auf Kundenbeschwerden reagiert, in dem sie die Presse „über die allgemeinen Ursachen der Klagen" informieren will. Die PR als Beichtstuhl, um der pfarrersgleichen Öffentlichkeit die Wahrheit und nichts als die Wahrheit zu erzählen? So einfach will es sich Schönhagen dann doch nicht machen, dafür sind die Public Relations und der Journalismus zu sehr miteinander verzahnt. Obgleich als Reaktion auf den Journalismus entstanden, ist Öffentlichkeitsarbeit in Sachen „Rationalisierung und Professionalisierung" eng an die massenmediale Kommunikation angelehnt. Ein Kind, das Fahrradfahren lernen will, braucht eben elterliche Anleitung, sonst fällt es um. Diese These bestätigt Ulrike Röttger: „Sie (alle politischen Akteure) richten ihr Handeln an den Gesetzmäßigkeiten des Mediensystems aus, um die Selektionshürden der Medien durch Erfüllung von Nachrichtenfaktoren wie Relevanz, Aktualität, Überraschung et cetera zu überwinden, Aufmerksamkeit beim Publikum zu bekommen und die Bürgerinnen und Bürger zur Zustimmung zu motivieren."[4] Da sich auch der Journalismus durch den neuen Akteur verändert hat, spricht alles für eine bilaterale Beziehung der beiden; voneinander abhängig, einander beeinflussend, in Hass-Liebe verbunden. In einer Broschüre von Netzwerk Recherche wird darauf hingewiesen, PR-Berater hätten sich unnötigerweise zu Werbern entwickelt, gibt es doch andere Formen der Kommunikation: „Sie (die Kritiker) erinnern deshalb zum einen an jene Öffentlichkeitsarbeit,

---

[3] Röttger, Ulrike 2008: Public Relations, in: Hachmeister, Lutz (Hg.): Grundlagen der Medienpolitik – Ein Handbuch, Bonn, S. 313
[4] Ebd. S. 314

die ihre Zielgruppen am Journalismus vorbei zu erreichen versucht – beispielsweise durch eigene Publikationen mit enorm hoher Auflage."[5] Schönhagen widerspricht dem entschieden und verweist auf die „Glaubwürdigkeitsproblematik solcher Publikationen": „Anzeigen und eigene Medien waren (…) teuer und nur begrenzt effektiv." Mit den historischen Belegen zur deutschen Geschichte im 19. Jahrhundert führt Schönhagen außerdem die Behauptung ad absurdum, Public Relations seien ein amerikanischer Import nach dem zweiten Weltkrieg gewesen, um Europa auf die Nachkriegspolitik der alliierten Siegermächte einzuschwören. Des Weiteren sei PR auch keine Propaganda, weil sie das „Vorhandensein konkurrierender Interessen berücksichtigt", weniger „parteien- bzw. ideologiebezogen" wäre und keinen „totalitären Absolutheitsanspruch" stellen würde – weniger als Propaganda, mehr als Werbung, anders als Journalismus, das ist PR nach Schönhagens Aufsatz!

Schönhagens Aufsatz ist allemal lesenswert, weil er sich nicht einfach einreiht in die ebenso hitzige wie mittlerweile ermüdende Pro-Contra-Debatte um das Verhältnis von Public Relations und Journalismus, zu der jeder etwas beitragen zu müssen glaubt. Schönhagens Text ist für den wissenschaftlichen Gesamtkontext allein schon deshalb bereichernd, weil die Behauptung, das Thema werde bisher weitgehend ahistorisch diskutiert, diesbezüglicher Recherche standhält. Zwar beleuchten andere Beiträge bestimmte Zeitepochen, keiner aber hangelt sich von den Anfängen bis in die Mitte des 20. Jahrhunderts an der PR-Geschichte entlang. Zum wissenschaftlichen Gesamtkontext hat die gebürtige Dortmunderin im Übrigen mit Publikationen[6] wie „Unparteilichkeit im Journalismus – Tradition einer Qualitätsnorm", „Die Wiedergabe fremder Aussagen – eine alltägliche Herausforderung für den Journalismus", „Der Journalist als unbeteiligter Beobachter" und anderen (themenverwandten) Niederschriften beigetragen. Die Kommunikationswissenschaftlerin schließt eine klaffende Lücke, indem sie nicht konstatieren will, wie es ist, sondern wie es war und wie es wurde, was es ist. Andererseits ist dieser Anspruch, den ersten systematischen Ansatz zur Wechselwirkung bei der Entstehung von PR liefern zu wollen, nicht nur Segen, sondern auch Fluch. Da das Feld noch brach liegt, bedarf es einer Entscheidung Schönhagens, welchen Teil sie beackern will. Das hat zwangsläufig zur Folge, dass bestimmte, vielleicht nicht minder wichtige historische Begebenheiten zu kurz kommen. Schönhagens Ausführungen zur Daseinsberechtigung von PR beschränken sich auf Politik und Wirtschaft und lassen dabei andere Akteure außen vor. Wo wären beispielsweise amnesty international

---

[5] Schnedler, Thomas 2008: Getrennte Welten? Journalismus und PR in Deutschland; Netzwerk Recherche e.V. (Hg.), Wiesbaden, S. 8
[6] Siehe dafür: http://www.unifr.ch/mukw/mukw07/index.php?page=philomen-schonhagen-2

und Anti-Atomkraft ohne PR? Wären Peta, Human Rights Watch und Globalisierungsgegner so bekannt, insbesondere aber so akzeptiert, wenn sie ihre mitunter grenzwertigen Aktionen nicht mit entsprechenden Pressemitteilungen hofieren und damit den kritischen Medientenor korrigieren und lenken würden? Greenpeace greift im Schlauchboot keine übermächtigen Walfänger an, ohne vorher via Meldung informiert zu haben, wo, wie und wann der gerechte Kampf von David gegen Goliath steigt. Soziale Bewegungen und NGOs als deren Speerspitze im außerparlamentarischen Oppositionskampf haben im 20. Jahrhundert Zulauf und Begeisterung in einem Maße erfahren, von dem die Volksparteien nicht mal zu träumen wagen. PR darf den Bärenanteil an dieser Erfolgsgeschichte für sich beanspruchen. Für Schönhagen spricht, dass sie nicht den Trampelpfad geht, sondern sich ins geschichtliche Dickicht wagt. Die Autorin sichtet auch Schriften aus dem 3. Reich – eine Quelle, der sich bis dato nur wenige bedient haben, die sich aber als ergiebig erweist. Schönhagen arbeitet sich durch diverse Theorien zur Koexistenz von PR und Journalismus, um ihren ganz eigenen Ansatz zu formulieren.

Am Ende stellt Schönhagen fest, dass das theoretische „Konzept zur Evolution der sozialen Kommunikation" von Hans Wagner ähnliche Schlüsse zieht. Sie empfiehlt deshalb, ihre Ergebnisse mit dem Wagnerschen Rationalisierungsansatz zu fundieren und dann in eine umfassende Massenkommunikationstheorie einzubetten. Dafür bedürfe es dann aber noch „vertiefender historischer Forschungsanstrengungen zur Frühzeit der PR im gesamtdeutschen Sprachraum" inklusive „Quellenstudien in Archiven von Unternehmen, Vereinen, Verbänden und anderen Organisationen". Eine solche Theorie wäre dann die erste ihrer Art, weil sie den Publikumsaspekt berücksichtigen würde. Bei Wagner nämlich fungieren PR auch als „alternative Medien", um den „Vermittlungsleistungen der autonomen Massenmedien" nicht hilf- und schutzlos ausgeliefert zu sein. Beide Parteien – PR und Journalismus – sind gleichermaßen „Ausgangspartner" und „Zielpartner", sie „repräsentieren Kollektive und wechseln ständig zwischen diesen Kommunikationsrollen". Im Sinne einer umfassenden Theorie wäre dann das Publikum „identisch mit den gesellschaftlichen Kommunikationspartnern", so dass eine „Selbstbeobachtung der Gesellschaft" möglich wird. Soll konkret heißen: „Die Gesellschaftsmitglieder beobachten – als Publikum – in den Massenmedien die Kommunikation von Repräsentanten diverser Interessensgruppen, denen sie zugleich angehören." Schönhagen fordert hier viel, wenn sie für Selbstbeobachtung der Gesellschaft durch PR und Medien plädiert. An die guten Taten sieht sich der Mensch gerne erinnert, Fehlern und Schwächen mittels dieser Bespiegelung gegenüberstehen zu müssen fiele gleichwohl weniger leicht.

In ihren Überlegungen zu einem „Massenkommunikationsprozess" erwähnt Schönhagen fast beiläufig, dass sie mit der Meinung, beim Wert der Funktion bestünde kein Unterschied zwischen journalistischen, also selbst recherchierten Nachrichten und PR-Mitteilungen, konform geht. Für ihren Aufsatz erscheint ihre Überzeugung schlüssig, immerhin begreift Schönhagen PR als legitimes Mittel, eigene Interessen geltend zu machen, um so zur Meinungsbildung und -vielfalt beizutragen. Wichtig ist ihr nicht der qualitative Aspekt, sondern die Frage nach dem Ursprung der Information. Dermaßen in ihrer Bedeutung als Journalisten kleingemacht, werden sich PR-ist-kein-Journalismus-sondern-nur-Werbung-Verfechter böse vor den Kopf gestoßen fühlen. Der Gedanke, Public Relations seien vielmehr eine Art der Gegenöffentlichkeit, dürfte überdies viele PR-Gegner pikieren. Obgleich kein Anhänger besagter Anti-Fraktion, glaube auch ich nicht, dass dem so ist. Meines Erachtens ist das Web 2.0 als *die* aktuelle Gegenöffentlichkeit und PR als journalistischer Dienstleister zu verstehen.

Wer die Streitereien um das Journalismus-PR-Verhältnis noch nicht leid ist, findet bei Schönhagen neue Gedankenanstöße. Wir lernen: Das Thema ist zwar alt, aber nicht so alt wie der Journalismus selbst. Doch Obacht: Nur weil der Journalismus zuerst da war, besitzt er keine absolute Vormachtstellung. Im heutigen Zeitalter der Informations- und Kommunikationstechnologien muss sich der Journalismus neu beweisen. Dass er dabei derzeit verkrampft, sieht auch die Wissenschaft so. Bei Ulrike Röttger kann „aufgrund weitreichender Ökonomisierungs- und Kommerzialisierungsprozesse der Medien und damit verbundener Einsparungen (...)"[7] vor allem „die mehr oder weniger unveränderte und ungeprüfte Übernahme von professionell aufbereiteten PR-Mitteilungen (...) auch als Ausdruck einer Krise des Journalismus betrachtet werden."[8] Schönhagen hätte genauso gut fragen können: Ist Blogging Journalismus? Im Umgang mit den so genannten Bürger- und Hobbyjournalisten tut sich der alte Gigant nämlich ähnlich schwer.

Sich den Angeboten von Informationszulieferern nicht scheuklappenelitär verschließen wie zu Beginn der Koexistenz, aber das eigene Profil auch nicht mit totaler Öffnung für deren Angebote verwässern wie aktuell geschehend – Schönhagens Sicht der Dinge ist für den Journalismus womöglich ein Weg, im 21. Jahrhundert zu bestehen.

---

[7] Röttger, Ulrike 2008: Public Relations, in: Hachmeister, Lutz (Hg.): Grundlagen der Medienpolitik – Ein Handbuch, Bonn, S. 315
[8] Ebd.